COMMENT

LES RÉVOLUTIONNAIRES ENTENDENT LA LIBERTÉ

QUAND ILS SONT VAINQUEURS.

COMMENT

LES RÉVOLUTIONNAIRES ENTENDENT LA LIBERTÉ

QUAND ILS SONT VAINQUEURS.

A la suite de plusieurs articles d'une extrême violence contre ce que la presse rouge appelle *les rigueurs de l'Etat de siége*, le *Courrier de la Drôme et de l'Ardèche*, organe avoué et dévoué des hommes d'ordre, d'autorité et de liberté, a répondu en ces termes, dans les numéros des 16 et 17 janvier, aux héraults du désordre et de l'anarchie :

(1er ARTICLE).

L'état de siége gêne nos rouges. Tous leurs journaux depuis le *National* jusqu'à son imperceptible écho de Grenoble, le *Patriote des Alpes*, somment chaque matin le gouvernement de faire cesser cette mesure de rigueur si salutaire pour la tranquillité publique. Ils crient à la réaction ! à l'oppression ! à la tyrannie !... parce que, en vertu de pouvoirs en bonne forme, le général Gemeau a interdit dans la 6e division la *Réforme*, la *Voix du Peuple* et une douzaine d'infâmes pamphlets dont le moindre délit est de prêcher la guerre civile et de semer dans les campagnes les plus odieuses et les plus immorales doctrines.

1850

« Partout la liberté est étranglée, dit ce matin encore le *Pa-*
» *triote des Alpes* du 12 janvier. L'état de siége appliqué à des
» contrées paisibles et prolongé au-delà de toute limite, la dé-
» lation recommandée aux agents de la force publique, l'en-
» seignement livré aux congrégations, les instituteurs primaires
» et tous les défenseurs de la République signalés comme des
» ennemis de la société : voilà tout ce qu'on nous donne, et l'on
» veut que nous soyons satisfaits ! C'est être exigeant ! (1) »

Nous ne demandons pas que vous soyiez satisfait, ô
Patriote ! Nous désirons seulement préserver nos paisibles contrées de vos coupables agitations. Quand le parti
de l'Ordre a voté la loi sur les clubs, vous et vos amis de
la Montagne vous criiez aussi à la tyrannie : c'était, comme l'état de siége, une violation de la Constitution, une
atteinte criminelle à la liberté. Nous nous souvenons
de vos articles de ce temps-là, calqués absolument sur
ceux que vous imprimez aujourd'hui. Les clubs ont
pourtant été supprimés, et on peut voir maintenant
la frivolité de vos menaces et le néant de vos arguties.
Il en sera de même, nous en avons l'intime conviction,
de vos diatribes, de vos violences contre ou à propos
de l'état de siége et de la loi sur les instituteurs. L'ex-
périence apprendra bientôt au pays que, quoique vous
en disiez, ses libertés n'ont rien à craindre du parti
de l'Ordre, parce que ces libertés n'ont rien de com-
mun avec d'intolérables abus, et qu'au milieu de la
crise redoutable que nous traversons il n'y a d'espoir
et de salut que dans l'énergie de l'autorité.

Nous vous connaissons, d'ailleurs, depuis soixante
ans, et, pour nous servir d'un mot célèbre de l'illustre
ministre de l'ex-roi, nous pourrions vous dire comment
vous vous nommiez avant, pendant et depuis la crise
suprême de 1793 ! C'est toujours en invoquant la liberté

(1) L'honnête feuille écarlate nous accusera probablement encore d'avoir falsifié ses paroles. Nous citons pourtant textuelle-
ment son n° du 12 courant, page 1re, colonne 3e, lignes 43,
44, 45, 46 et suivantes.   *(Note du Réd.)*

que vous avez attaqué tous les gouvernements! C'est
sous le prétexte d'établir cette liberté plus grande, plus
complète, que vous cherchez à irriter, à soulever le
peuple et à le pousser au renversement de la Monarchie au profit de la République, et de la République
au profit de l'anarchie. Eh bien! ouvrons et consultons
l'histoire, sans aucune prévention favorable ou contraire, l'histoire dont les révolutionnaires se disent les
adeptes, et nous verrons que chaque fois qu'ils ont eu
le pouvoir, loin de conduire le pays dans les voies de
la liberté, ils l'ont courbé au contraire sous le joug du
despotisme le plus avilissant et le plus intolérable;

Car l'anarchie, a dit avec raison l'auteur du *Traité
des Révolutions*, est un despotisme plus étouffant que
tous les despotismes; une tyrannie qui frappe partout
à la fois et prépare merveilleusement les voies à la ser-
vitude; un monstre multiple dont une nation ne peut
se rendre maîtresse sans être réduite à souhaiter, comme Caligula, que cet être informe et aux mille têtes
n'en ait qu'une seule, afin de l'abattre d'un seul coup.

Nous ne voulons pas laisser cette assertion sans
preuve, et, pour justifier le titre écrit en tête de cet
article, nous allons emprunter à un ouvrage déjà un
peu ancien (1836) quelques passages qui montreront
aux lecteurs de bonne foi ce qu'ils doivent croire de
vos semblants de libéralisme, en leur rappelant ce qu'é-
taient devenues la liberté individuelle et la liberté de
la presse, alors que la Montagne, selon vos désirs,
dominait la France entière (1).

LIBERTÉ INDIVIDUELLE.— « Tous les propriétaires et principaux
locataires étaient tenus, sous leur responsabilité personnelle,
de faire afficher sur la porte de leurs maisons, les noms, pré-
noms, âges et professions de tous les individus résidents sous
le même toit. (*Décret du 28 mars 1792.*)

(1) Tous les passages guillemetés qui suivent sont textuelle-
ment extraits d'un ouvrage de M. Castel publié en 1836.

» Un arrêté de la commune de Paris, en date du 10 août de la même année, ordonnait à ses agents d'ouvrir *à la poste toutes les lettres*, et de *s'insinuer* chez les portiers pour savoir d'eux quels étaient les journaux que leurs maîtres recevaient.

» Voulait-on voyager? Un passeport n'était valable que tout autant qu'il présentait les signatures de six membres du comité de surveillance générale. *(Décret du 12 août 1792.)*

» Les habitants de Paris, sans distinction aucune, ne pouvaient faire un pas dans la capitale sans se munir d'une carte civique et sans la montrer à la première réquisition des officiers de police et des commandants de la force armée. Chacun d'entr'eux était également obligé de faire transcrire sur le registre de la section, son domicile ordinaire, le moindre changement que ce domicile subissait, et qu'elles étaient ses occupations journalières. *(Décret du 19 septembre 1792.)*

» Passé onze heures du soir, *tout homme libre* était forcé d'entrer dans les corps de garde et d'y montrer une carte de sûreté. La moindre patrouille avait ordre de le contraindre à la même exhibition (21 septembre 1793). Indépendamment d'un certificat de civisme ordinaire, le même citoyen devait se pourvoir d'un diplôme de civisme moral. (5 février 1793.)

» Dès que minuit avait sonné, tout individu trouvé dans une voiture se voyait obligé d'en descendre, conformément à un arrêté du 4 novembre 1793, et de regagner à pied son domicile, escorté par la patrouille qui l'avait pris en flagrant délit. »

Il n'y avait qu'une exception à cette règle : elle était en faveur des grands citoyens qui l'avaient faite.

« Tous ceux qui circulaient dans les rues sans la cocarde tricolore étaient arrêtés (6 avril 1793). Les femmes qui négligeaient de porter ce signe de rédemption politique subissaient huit jours de prison. En cas de récidive, on les renfermait jusqu'à la paix. (Arrêté de la commune de Paris du 21 septembre 1793). »

Il paraît que décidément le beau sexe n'était pas en faveur auprès des Socrates du temps ; car une autre loi postérieure à celle-là (22 mai 1795) va jusqu'à ordonner l'arrestation de toutes les dames qui se trouveront rassemblées au-dessus dn nombre de cinq. Mesdames Eugénie Niboyet, Jeanne Derouin, Clarisse Vigouróux et tant d'autres héroïnes du club de Bonne-Nouvelle ne connaissaient probablement pas cette particularité de l'histoire révolutionnaire, lorsqu'elles criaient si fort à la persécution et au martyre à propos des mesures ordonnées pour les empêcher d'être écrasées sous une avalanche de ridicule et, de pommes cuites.

On nous dira que ces rigueurs inquisitoriales, commandées par la loi de salut public, étaient prises dans des circonstances extraordinaires et qu'elles cessèrent avec elles. C'est une erreur. Sous le Directoire, elles furent continuées et même aggravées.

Citons encore :

« Sous le Directoire, un arrêté du bureau central, en date du 4 novembre 1796, prescrit aux sentinelles d'arrêter indistinctement tous ceux qui paraîtront en public sans la cocarde tricolore ou coiffés d'une natte retroussée. Les collets noirs et les ganses jaunes éprouvent la même proscription. »

Et pourtant nous sommes encore sous le règne de la liberté, n'allons pas l'oublier !

Croirait-on que les acteurs, représentant un autrichien, un prussien, un anglais, un émigré, étaient rigoureusement tenus d'avoir une cocarde tricolore? Dans *les Chasseurs et la Laitière*, ancien opéra-comique d'Anseaume, par exemple, l'ours ne pouvait même pas s'en dispenser. Le censeur P...., consulté sur ce point par le comité du théâtre, se déclara pour l'affirmative, attendu, disait l'arrêté, que le citoyen réel devait être toujours distingué du personnage fictif !

A la Douze, près Sarlat, département de la Dordogne, un peu avant que le culte n'y fût entièrement aboli, les sans-culottes du lieu forcèrent le curé d'orner le Saint-Sacrement d'une cocarde, et de laisser le tabernacle ouvert, « *attendu*, disaient ces régénérateurs en sabots, *que Dieu aussi devait jouir de la liberté!* »

Voilà, mes chers lecteurs, comment tout citoyen jouissait de son libre arbitre sous le gouvernement républicain-révolutionnaire par excellence.

Mais cet article est déjà trop long. Nous le continuerons demain en jetant un coup-d'œil sur le droit qu'on avait de penser, et surtout de penser tout haut. Le *Patriote des Alpes*, qui se plaint, qui n'est pas satisfait, qui crie à l'arbitraire et à l'étranglement de la liberté parce qu'en vertu de l'état de siége un brave général a interdit la circulation d'une douzaine de pamphlets et de mauvais journaux, apprendra ainsi et voudra bien se rappeler désormais comment les révolutionnaires entendent la liberté d'opinion, la liberté des clubs, et surtout la liberté de la presse.

(2ᵉ ARTICLE).

Nous avons montré hier comment tout citoyen jouissait de son libre arbitre sous le gouvernement révolutionnaire par excellence. Jetons maintenant un coup d'œil sur le droit qu'il avait de penser, et surtout de penser tout haut. Montrons à ces grands-prêtres de la liberté, à ces détracteurs systématiques de tous les hommes, de tous les gouvernements qui ont administré le pays, montrons comment ils entendaient la liberté d'opinion, le droit de réunion, et surtout la liberté de la presse, alors qu'un moment de faiblesse ou de folie avait placé le pouvoir entre leurs mains.

LIBERTÉ D'ÉCRIRE ET DE PARLER. — De notre temps, sous les tyrans qui ont pesé sur la France depuis 1802 (1), les partisans de la République s'élevaient ostensiblement contre la royauté, soit dans des pamphlets, soit dans leurs journaux. Aussi, chaque fois qu'un de

____

(1) Napoléon, Louis XVIII, Charles X et Louis-Philippe.

ces écrivains était condamné à quelques mois de prison, une clameur de haro s'élevait d'un bout de la France à l'autre contre l'excessive tyrannie et l'injuste cruauté du jury. Aux yeux des frères et amis, les juges n'étaient plus que des Jefferies et des Laubardemont, vendus au pouvoir plus ou moins usurpateur et oppresseur qui avait confisqué la Révolution, tantôt à l'aide des baïonnettes cosaques, tantôt au moyen des plus liberticides machinations. Eh bien! hommes de bonne foi qui nous lisez, voulez-vous savoir le sort de ceux qui sous la République révolutionnaire osaient se mettre en opposition avec le gouvernement? Ouvrez le *Moniteur* :

« Peine de mort contre quiconque eût proposé de rétablir la royauté (décret du 5 décembre 1792). »

« Un décret du même mois punissait également ceux qui auraient publié que la nation ne pouvait se passer d'un maître. » Ce que c'est pourtant que la différence du nombre! Maître au singulier entraînait la peine capitale; au pluriel c'était une preuve de civisme.

« Le 1er juillet 1793, la Convention décrète encore la peine de mort contre tout falsificateur de la déclaration des *Droits de l'Homme.* » — J'ignore comment l'auguste assemblée entendait la falsification ; mais enfin cela était ainsi, et malheur à quiconque n'aurait pas professé ces droits dans toute leur pureté! On l'aurait mis au rang de ceux qui voulaient faire rétrograder la révolution, et comme tel il serait devenu « suspect d'être suspect. »

Le *Patriote des Alpes* se plaint que la dénonciation est érigée en système; c'est une odieuse calomnie que rien ne justifie. Mais sous son gouvernement de prédilection, non-seulement il fallait s'observer soi-même, mais encore surveiller les autres; car un arrêté du 16 avril 1794 enjoignait à tous les bons citoyens de *dénoncer* les propos inciviques qu'ils entendraient. Celui qui se serait plaint de la révolution pouvait faire ses paquets pour la Guyanne, Cayenne, Sinnamary ou tout autre lieu d'exil. La première société populaire venue avait le droit de le déporter sans autre forme de procès. Il suffisait de conserver des usages ou une idée de l'ancien régime, pour être assimilé aux ci-devant nobles et puni comme gentilhomme à seize quartiers. (Décret du 7 avril 1794.)

Le *Patriote des Alpes* et ses maîtres, le *National* et la *Réforme*, auraient été bien à plaindre en 1795, attendu qu'un décret du 11 mai ordonnait la prompte répression des mensonges et des calomnies contre le gouvernement de l'époque. Nous engageons les frères et amis de ces estimables apôtres de la liberté à se faire représenter la proclamation du Directoire en date du 16 avril 1796, relative aux propos séditieux. Ils y verront avec quelle douceur on procédait alors contre ceux qui osaient avoir une opinion à eux. Si ce n'était la date, on croirait lire une ordonnance du temps des dragonnades ou de la Saint-Barthélemy.

»Le 4 décembre de l'année suivante (1797), les journaux et les presses sont mis pendant un an sous l'inspection de la police, qui pourra les supprimer.

» Quatre jours après, la République révolutionnaire proscrit en masse tous les propriétaires, imprimeurs, directeurs et rédacteurs de *quarante-six journaux*.

« Tous les ci-dessus nommés, dit ce décret, en date du 8 sep-
» tembre 1796, seront déportés *sans retard*; leurs biens se-
» ront sequestrés aussitôt après la publication de la présente
» loi, et main-levée n'en sera donnée que sur la preuve au-
» thentique de l'arrivée des condamnés au lieu de leur dépor-
» tation.

» Le directoire est autorisé, pour l'exécution de la présente
» loi, à faire des visites domiciliaires. »

Le 2 septembre 1799, nous voyons encore *soixante-huit* imprimeurs, journalistes, écrivains, etc., déportés à l'île d'Oléron.

Le républicain Barras, l'intègre Barras, se distinguait particulièrement parmi les adversaires de la liberté de la presse. Sa colère allait même jusqu'à ordonner des voies de fait contre ceux qui prenaient la liberté grande de contrôler les opérations de ce cinquième de majesté. Dans son numéro du 5 janvier 1797, l'abbé Poulle (1), rédacteur du *Courrier Républicain*, ayant eu l'audace de s'exprimer un peu librement sur le compte du citoyen-monarque, fut saisi dans son domicile; on lui banda les yeux, et après l'avoir traîné jusqu'an palais directorial, on le fustigea en présence de la haute puissance offensée, pour l'apprendre à mettre le doigt entre la main et la poche d'un directeur de la République révolutionnaire.

Nous nous souvenons tous encore des lamentations à perte de vue, des provocations de toute espèce qui précédèrent la révolution de février au sujet d'une manifestation politico-culinaire, interdite par l'infâme et tyranique gouvernement de la monarchie. Eh bien! nous allons voir comment, sous la République, la persécution s'étendait sur ceux qui tentaient d'exprimer leur opinion par la voie de la presse, atteignait les sociétés populaires et entendait le droit de réunion.

« Le 27 février 1796, le directoire ordonne la clôture de quelques clubs; — le 25 juillet 1797, tous les clubs indistinctement sont fermés en France; — le 5 mars 1798, la proscription s'étend sur tous les cercles particuliers, sans aucune exception. »

Nous entendons d'ici le *Patriote des Alpes* répondre d'une voix dolente que ces rigueurs étaient indispensables; que la loi du Salut Public les imposait rigoureusement, et que ce n'était qu'à leur corps défendant et parce que la main de fer de la nécessité les y poussait que les républicains d'alors ordonnèrent tant de rigueurs et se livrèrent à tant d'excès. Cela est

(1) C'est par erreur typographique que ce fait a été, dans la première édition de ces articles, attribué à l'abbé *Poncelin*. C'est l'abbé *Poulle* qu'il faut lire. Ce courageux citoyen était frère aîné du père de M. Emmanuel Poulle, ancien député, premier président de la cour d'appel d'Aix.

peut-être vrai pour quelques-uns; mais assurément tous n'éprouvaient pas cette répugnance dont on vient nous parler aujourd'hui. Ecoutez ces paroles, lancées en pleine tribune de la Convention.

Le 21 juin 1793, après le triomphe de la Montagne sur la Gironde, Guffroy s'écrie :

« Enfin le peuple triomphe et les aristocrates vont, comme
» saint Denis, porter leur tête à madame guillotine ! Abattons
» tous les nobles ! Tant pis pour les bons, s'il y en a ; que la
» guillotine soit en permanence...., la France aura toujours
» assez de cinq millions d'habitants. »

Devant ces faits, qui se transforment contre eux en arguments accablants, les républicains révolutionnaires ne font que cette réponse, devenue bannale à force d'avoir été répétée : « Sans doute, en ce temps-là, on a » été cruel et tyrannique à l'excès; mais pensez-vous » que nous ayons, nous, des intentions et des goûts » aussi sanguinaires? » — Non, nous ne le pensons pas; non, nous ne vous prenons pas pour des anthropophages altérés de sang et de chair humaine. Mais nous soutenons que votre système de gouvernement vous conduirait *forcément* aux mêmes excès, à la même cruauté, à la même tyrannie que vos prédécesseurs. Vous le savez très bien, et il n'est pas un de vous qui, la main sur la conscience ne l'avoue ou n'ait un moment de doute et de terrible anxiété. Quant à moi, je peux dire ici qu'un de vos amis dont vous ne recuserez certes pas le témoignage, Victor Considérant, interrogé *par moi*, le 6 mars 1848, sur l'avenir de la nouvelle révolution, n'hésita pas à me répondre « *qu'elle devait* FORCÉMENT *devenir sanglante si elle voulait vivre.*» Aveu terrible, aveu sinistre qui fit tomber mes dernières illusions et me chassa pour toujours des bureaux de la *Démocratie pacifique*, où je comptais alors plusieurs amis : Auguste Colin, mon compatriote, Allyre Bureau, Jullien Blanc, Cantagrel et Ferdinand Guillon, mon prédécesseur au *Journal de l'Aube.*

Oui, votre système de gouvernement, tel que vous prétendez le fonder, vous conduirait nécessairement à la cruauté et à la tyrannie. Pour vous le prouver, nous ne voulons nous servir que des arguments que vous nous avez fournis vous-mêmes. — Voyez !

En juillet 1830 et en février 1848, vous vouliez la propagande active, armée; — car le programme pacifique de Lamartine ne fut point votre œuvre et n'obtint pas votre adhésion, souvenez-vous en ! — Vous ne vouliez pas attendre, disiez-vous, que l'Europe monarchique vous provoquât, et jusque dans l'enceinte du palais législatif, envahi par vos bandes le 15 mai, vous êtes venu déclarer la guerre à l'Europe. Or avec la propagande, la guerre générale; — avec la guerre générale, les impôts extraordinaires; — avec les impôts énormes, le malaise du pays; — avec le malaise, les troubles, les conspirations des ennemis de votre pouvoir (car vous n'avez pas, je présume, la prétention singulière de croire que vous n'auriez aucun ennemi). Hh bien ! je vous le demande, avec les troubles intérieurs et la guerre au-dehors, que ferez-vous ?

Il n'y a pas de milieu : le besoin de vous sauver et de sauver le territoire avec vous, vous jetterait dans les lois d'exception : dès-lors, vous nous donneriez la loi des suspects et toutcet ignoble et affreux enchaînement de persécution squi, déjà produit par les mêmes causes, a enfanté tantde désastres et de malheurs en France. Vous voyez doncbien que vous ne manqueriez pas de prétextes pour justifier vos menées violentes !

Et ce résultat odieux serait indépendant de votre volonté; car, je le répète, ce n'est pas dans vos intentions qu'est le mal, c'est dans votre principe. L'identité de votre système gouvernemental avec le système des républicains de 1792, vous mènerait logiquement, invinciblement à des moyens de gouvernement identiques. Robespierre, si vigoureusement abhorré par les uns, presque adoré par les autres, était le plus timide, le plus inoffensif, le plus doux des hommes; tous ceux qui l'ont connu dans sa vie privée sont unanimes sur ce point. Danton, le terrible proconsul des horribles massacres de septembre, Danton n'avait pas l'âme sanguinaire. Ni l'un ni l'autre de ces deux hommes ne fit mourir pour le plaisir de voir mourir. Mais tous deux avaient adopté les principes que vous avez proclamez. Ils s'y étaient fortement attachés, et ils en ont subi les affreuses conséquences. Ils se sont vu dominés par cet instinct de nécessité qui leur disait : — « Le système révolutionnaire meurt, voilà les seuls moyens de le sauver ! » — Et Danton dressa l'échafaud où sa tête et celle de Robespierre roulèrent après tant d'autres !

Devant ces gigantesques hécatombes, en regard de ces actes d'odieux despotisme et de sauvage tyrannie de la République révolutionnaire, osez encore nous parler des rigueurs de l'état de siége ! Vos folies ont forcé le gouvernement a établir ce régime exceptionnel ; vos menaces lui font un devoir de le maintenir encore. Mais ne criez pour cela ni à l'arbitraire ni à la persécution. Ne dites pas surtout que *la liberté est étranglée*, car ici l'odieux le dispute au ridicule, puisque après tout ces rigueurs se résument par deux ou trois destitutions de fonctionnaires infidèles et par la saisie de quelques méchants carrés de papier.

C'était bien autre chose à Nantes et à Lyon, en 1793, sous l'état de siége proclamé par la convention, surveillé par le citoyen Carrier et le cul de jatte Couthon !

Is. V.

La société est divisée en deux partis : le parti des hommes d'ordre et le parti de ceux qui se disent républicains-socialistes.

— Quels sont les véritables Républicains ?

Ceux qui soutiennent le gouvernement.

— En quoi consiste le gouvernement ?

En une constitution qui a créé un pouvoir législatif et un pouvoir exécutif.

— Qu'est-ce que c'est que le pouvoir législatif?

L'assemblée nationale.

— Qu'est-ce que c'est que le pouvoir exécutif ?

Ce Président de la République.

— De qui émanent ces pouvoirs ?

Du suffrage de tous les citoyens exprimé dans toute la France.

— Que demandent aujourd'hui les Républicains-socialistes ?

Une nouvelle révolution, c'est-à-dire le renversement de la Constitution, du Président et de l'Assemblée législative.

— Que demandent les hommes d'ordre ?

Le maintien du Président, de l'Assemblée législative et de la Constitution; de la Constitution qui porte qu'elle pourra être révisée avant l'élection du Président.

Ils espèrent, il est vrai, que par la révision de la Constitution les pouvoirs du Président seront prorogés; mais ils veulent obtenir constitutionnellement de la volonté du peuple, légalement exprimé, la stabilité du pouvoir exécutif dans les mains du neveu de l'empereur Napoléon.

— Or quels sont ceux qui respectent les droits du peuple ?

Evidemment ceux qui en appellent à sa souveraineté, et non ceux qui par une surprise, par des conspirations permanentes, voudraient tout bouleverser, tout détruire, famille, religion, propriété, et qui, après avoir renouvelé les scènes qui ensanglantèrent Paris au moins de juin 1848, parlent de dresser l'échafaud et de couper des têtes.

— Que veulent les hommes d'ordre?

La tranquillité qui fait naître la confiance, qui décuple la richesse d'un pays et permet de vivre à tous ceux qui veulent travailler.

— Qu'ont fait les républicains de la veille quand Ledru-Rollin gouvernait le pays ?

Ils ont en quelques jours couvert la France de misère. Rappelez-vous qu'alors les récoltes ne se vendaient ni à un prix ni à un autre; il n'y avait point de confiance, point de crédit; personne ne faisait travailler, parce que la circulation du numéraire étant arrêtée, il n'y avait point d'argent; personne ne payait, tout était mort, excepté les républicains de la veille qui s'étaient emparé de tout, qui remplissaient toutes les places; et comme il n'y en avait pas assez pour les satisfaire; ils se mettaient trois ou quatre pour en occuper une; mais ils avaient soin de se faire donner autant de traitements qu'il y avait de fonctionnaires. Ainsi, par exemple, un préfet a aujourd'hui 25 francs par jour; trois commissaires avaient alors 120 francs par jour. Qui payait ces 120 francs? Les 45 centimes qu'on prenait aux pauvres habitants des campagnes. Au préjudice de qui les prenait-on? Au préjudice des ouvriers; car si le propriétaire ne les avait pas versés dans la caisse du percepteur, il les aurait employés à faire travailler, et l'ouvrier en aurait profité.

Pourquoi les républicains de la veille crient-ils aujourd'hui? Parce que le peuple éclairé les a chassé.

— Pourquoi veulent-ils renverser le Président de la République? Parce qu'il rétablit l'ordre et la confiance par sa sagesse et par sa fermeté, et qu'ils espèrent, si le peuple devient malheureux, de pouvoir devenir quelque chose, puisque dès qu'il est moins malheureux ils ne peuvent rien être. Ils sont comme la vermine qui périt dès que la plaie est cicatrisée ou qui fuit le linge propre. ***

Le *Courrier de la Drôme et de l'Ardèche*, publié à Valence, dans le format des journaux de Paris, donne les nouvelles 24 heures avant eux. Il paraît tous les jours, et ne coûte que 28 fr. par an.

On s'abonne à Valence, au bureau du journal, rue de l'Université, 8, et chez tous les directeurs de postes et de messageries.

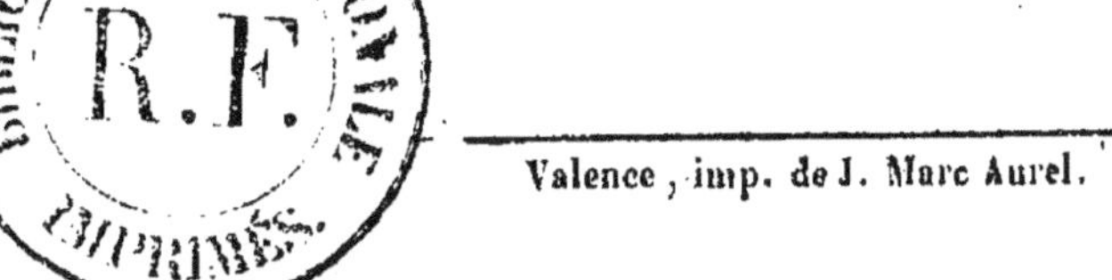

Valence, imp. de J. Marc Aurel.